이를테면 아주 경쾌하게

김자흔 시집

시인동네 시인선 083   김자흔 시집

이를테면 아주 경쾌하게

시인동네

시인의 말

열어놓은 통로로 몰래 찾아온 낮은 잠.

때마침 커튼 사이에서 부드럽게 놀라 팔랑이는 나비 한 마리.

나긋하고 침착하게
아무것도 아닌 듯 모든 일이 종결될 듯이 보일 때,

하얀 잠의 귓속을 가볍게 핥으며 거니는 또 작은 나비 한 마리.

속눈썹과 수염을 지나 미처 주고받을 화답도 없이 떠밀리는 계절의 그 짧은 통로에서

나는 약간 졸은 듯하다.

2017년 11월
김자흔

차례

시인의 말

제1부

나는 도도한 발톱이에요 · 13
침묵의 비밀 · 14
겸손한 비수 · 16
그건 오해의 수수께끼지 · 18
그녀와 고양이 모놀로그 · 20
이를테면 아주 경쾌하게 · 22
딸꾹, 철모르는 뉴스 · 24
0시의 고양이 · 26
비가(非歌) · 28
장난 묘 은별 · 30
고양이 하녀 · 32
김꽃비 · 34
순명(順命) · 36
출가 · 38

제2부

봄밤 時 · 43

그러할 연(然) · 44

떨림, 새빨간 · 46

푸른 반역 · 48

소화불량증 · 50

그러한 묘연 · 52

흰 꿈의 이벤트 · 54

비밀공작 · 56

불언(不言) · 58

다시 불면증 · 60

동굴나비 · 61

캄캄한 눈 · 62

제3부

나비/고양이 · 65

밤 거미 · 66

자각몽 · 67

낮은 경배 · 68

위악 · 70

흔들리는 경계 · 71

그만큼의 교요 · 72

우호적 숨긴 말 · 74

그냥 일상, · 76

노루목 산장 이야기 · 77

늙은 거미 · 78

대관령의 파르티잔들 · 80

습윤 마을 · 82

독감 연금술 · 84

제4부

참 · 87

사랑니 · 88

외달도 · 90

퐁당퐁당 봄날 저녁이 · 92

경안동 순천추어탕 · 94

딸꾹, 구제 肉 · 96

대한 손님 · 98

때때로 엄마가 다녀가신다 · 100

당당 술래놀이 · 102

은밀함의 정점 · 104

혁명적이거나 게릴라적이거나 · 106

야생 봉침 · 108

비가(飛歌) · 110

묘피지(猫皮紙) · 111

이드적인 꿈 · 112

해설 시와 고양이의 '치명적 떨림–정동(情動)' · 113
 고명철(문학평론가·광운대 교수)

제1부

나는 도도한 발톱이에요

이것을 선인장 가시라 부르겠어요
아니면 탱자나무 가시나
대추나무 가시라 부르겠어요
아니에요 이건 내 발톱이에요
날카로운 새끼 고양이 발톱이라고요
쫙 편 발가락이 애기 단풍잎 같다고
쉬이 마음 놓진 마셔요
쿨럭쿨럭 잔기침을 해대는
온실 속 장미 가시로 오해하면 곤란해요
숨겨놓고 있으면 얕보일까 봐
발가락 끝에 활짝 펼쳐 든 새끼발톱이에요
이것 보시라고요
당장 위험한 비수로 변할 수도 있어요
마음만 먹으면 우아함 떠는 그 얼굴에
확 생채기를 그어줄 수도 있다고요
그러니 날 함부로 얕잡아보지 마셔요
쫙 펼쳐든 새끼발톱으로
나는 끝끝내 도도해질 거예요

침묵의 비밀

쉬잇!
우리 고양이 입은 비수 두 개로 받쳐져 있고요
그래서 함부로 남의 말을 내뱉지 않고요
비밀 따윈 절대 발설하지 않지요
어떤 이들은 침묵의 틈새로 새 나오는
우리의 언어를 들을 수 있다고 하는데요
귀 기울이면 어떤 비밀이
당신의 달팽이관으로 흘러들지도 모를 테지요
우리의 침묵이 두려움 때문이 아니라는 건
당신은 금방 눈치챌 수 있을 테고요
언어를 끄집어내는 비밀과 그 비밀을 숨기는 과정은
매일 밤 자라나는 흰 수염에 있다는 것도
금방 발견해낼 수 있을 테지요
어쩌다 애꾸눈을 만나기도 할 텐데요
그러면 그 애꾸눈 속에도 어떤 깊은
비밀이 숨겨져 있구나 보면 틀림없을 거예요
우리가 언제 무슨 해답을 구한 적이 있던가요
그건 무엇보다 당신들이 더 잘 알고 있을 테고요

무해한 말이 주는 오해는 이미 터득했으니
우린 다만 깊은 침묵으로 우리 고양이
언어의 그물망을 즐길 따름이지요

겸손한 비수

세상에서 가장 겸손한 비수는
흰 양말 신은 고양이 앞발

고양이 앞발은 한순간
달빛도 찢을 수 있는 날카로움이 있지
보름 달밤이면 접어둔 비수를 꺼내 날을 세우지
이건 어디까지나 무뎌진 날을 시험해보기 위함일 뿐
그러니 조금도 두려워할 일은 아니지
이윽고 달이 기울고 조금씩 무료해져 오면
어둠을 향해 슬쩍 생채기를 내보이지
그러다 좀 더 시니컬해지면 새벽을 향해
힘껏 비수를 날려보는 거지
그것은 찰나, 만삭의 달을 잡아채서
주르륵 월경이 흘러내리게 하지

고양이는 죽음 앞에서도
무지개다리를 건너는 마법을 부리지
사람은 알 수 없는 비밀의 세계,

그 비밀은 달항아리 속에 감춰져 있지
때가 된 고양이가 죽음의 마법을 부리면
또 다른 고양이가 달빛을 타고 내려오지
날카로운 비수 하나 감추고서
세상에서 가장 겸손한 앞발로 내려오시지

그건 오해의 수수께끼지

잔뜩 불안에 떨며
때 지난 위장에 허겁지겁 먹이를 채우고
찰랑찰랑 대야 물은 그대로 지나쳐
뜨거운 한낮 속으로 사라져 주는
팔월 염천 길고양이야

너희가 언제 적부터 사료 먹고 물 마셨나
먹다 남겨진 사료 몇 알로 한목숨 지탱도 다행이지
달아나다 슬쩍 돌아보는 눈빛을 읽는다면
연민이란 말조차 차마 못 꺼내들지

아홉 개의 목숨으로 태어난다는 말은 말짱 거짓말
'아침엔 네 발, 점심엔 두 발, 저녁엔 세 발로 걷는 것은?'
半身여성 半身사자로 티벳디 계곡의
스핑크스가 던지는 수수께끼에 불과하지

한여름 밤 열린 창문 밖으로
육중한 슬리퍼 짝을 피해 달아나는 네게

노랑둥이는 언제나 옳다는 말이
얼마나 허무맹랑한 말장난인지 깨닫게 될 때
그것은 진실로 오해였다,
겨우 말 끄집어내 들이밀 수 있지

자축인묘진사오미신유술해에도 끼지 못해
이집트 신화의 수호신으로 뒤틀어 보는
너 수수께끼의 길 묘 생은

그녀와 고양이 모놀로그

 신성한 암고양이, 또는 남녀 양성의 신, 태양의 신인 동시에 달의 신, 혹은 이집트 신화의 바스트 여신, 때론 태양의 수호자,

 어느 과거엔 마녀로 지목돼
 화형대의 제물로 바쳐졌다

 고양이는 현재를 지나
 미래의 마법사로 태어났다

 그녀는 고양이 마법사를 숭배했다
 당연히 고양이에게 종속되길 원했다

 늙지 않는 고양이 마법이 계속해서 그녀를 끌어당겼다

 보라색 비둘기가 암고양이에서 나왔다고 그녀는 믿었다

 달 위를 걷는 고양이가 있다는 것도 그녀는 믿었다

>

그녀는 고양이와 놀았다
흰 손과 흰 발로 저녁의 어스름 속에서 장난하는 것을
바라보는 일은 황홀했다*

---

*폴 베를렌 『사투르누스 시집』, 「연인과 고양이」

이를테면 아주 경쾌하게

새총 조준을 했는지 대나무 활시위를 당겼는지
아니면 실제 소형 총구를 겨눴는지

그것은 눈 깜짝할 사이 일이라 밝혀드리진 못하겠다

어쩌면 주차된 늙은 차바퀴 아래서
졸린 눈을 꾸벅였을 때였거나,
짠 음식물 쓰레기봉지 앞에 두고
아주 잠깐 지난 시간을 더듬을 때였거나,
아니면 인간에게 부여된 해코지를 피해
죽어라 달아나고 있을 때였는지도 모른다

팟 팟 팟

쇠못 하나가 경쾌하게 날아와
이마 정중앙에 꽂혔다
어, 이건 또 무슨 놀이지?
호기심에 놀란 고양이

긴 상모 돌리듯 휘휘 고개 돌려 보고는

잠시 당황 당황

이마에 달려 있던 뿔은
먼 과거에 이미 생선과 교환했으니
앞이마 다이아몬드 무늬만 폈다 오므렸다
끔벅끔벅 기억을 읽어내는 단차에

이를테면 아주 경쾌한 기사 하나가
휘모리장단으로 돌려졌다

"누군가 고양이 이마에 대못을 박았다"

딸꾹, 철모르는 뉴스

때 이른 봄에 파리 한 마리가 집 안에 나타났던 거죠

잡을 기회를 엿보다가 그만 놓쳐버렸던 거죠

철모르고 나오느라 힘들었겠다 눈감아 주기로 했던 거죠

하르릉 하르릉 채터링 소리가 뒤에서 자꾸만 들렸던 거죠

좀 전에 놓친 파리를 고양이들이 발견했던 거죠

다섯 마리 고양이가 집중해서 한자리로 모여들었던 거죠

살금살금 다가가 발톱 감춘 앞발로 가만 덮쳤던 거죠

잡았니 잡았니 허릴 굽혀 고양이 틈에 끼어들었던 거죠

잡아채기엔 고양이 발바닥이 워낙 부드러웠던 거죠

〉

약 올리듯 파리는 이미 자리를 피해 날아버렸던 거죠

하르릉 하르릉 고양이는 계속해서 파리를 쫓았던 거죠

한 번 더 덮쳤으나 가지고 놀기엔 살짝 늦었던 거죠

파리가 날아오르며 조소를 내려보냈던 거죠

철모르긴 서로가 마찬가지였던 거죠

그게 그러니까 이른 봄날에 그랬던 거죠, 딸꾹

0시의 고양이

왼편에서 푸른 광점이 나타났다
마치 수신 안 된 텔레비전 화면처럼
캄캄한 터널의 경계를 통과해 오고 있었다
터널 끝으로 미세한 실루엣의 움직임이 보였다
실루엣은 가느다란 빛을 따라
느리게 터널로 들어서고 있었다
손차양을 하고 실루엣이 다가오길 기다렸다
실루엣이 눈앞에 와 닿는 순간
느닷없이 푸른 광점이 실루엣을 덮쳐버렸다
여자와 작은 고양이었다
온전히 깨어나지 않은 상태가 감지되자
적이 당혹스러워지기 시작했다
이건 꿈이야 단지 꿈일 뿐이야
두려움이 엄습해 왔다
푸른 광점은 왼편에서 계속 올라왔다
되돌아 나오는 터널은 길었다
터널의 경계를 막 벗어나려는 순간
눈앞의 실루엣을 또 다른 광점이 덮쳐버렸다

니야옹 고양이가 울었다
작은 고양이 한 마리가
잠든 여자를 지나치고 있었다

비가(非歌)

먹이 탁자 밑에서 눈을 뜬 채 너는 갔다
물찌똥 항문엔 개미들이 잔뜩 달라붙어 있었다
간밤에 무슨 일이 있었던 거니
말간 눈을 들여다보며 나는 묻고 싶었다
차마 만질 수 없어 한참을 딴짓 놀았다
마당을 쓸고 사료를 담고 새 물을 떠다 놨다
눈길은 뻣뻣해진 너를 향해 자꾸 흔들렸다
어제는 처음으로 너를 안아봤다
달아나기만 하던 다리는 새처럼 연약했다
이 다리로 어떻게 온몸을 지탱했을까
나는 주저앉고 싶었다
등가죽 밑으론 앙상한 뼈만 만져졌다
어째서 고양이 눈엔 아픈 내색이 없는 걸까
아무래도 안 되겠다
아침 레인지 위에서는 고기가 익어가고 있었다
제일 먼저 네게 갖다 바칠 참이었다
살코기 한 점 못 먹고 이렇게 가버리다니
여태는 어미젖 힘으로 버텨냈던 거니

두 눈을 감겨주며 나는 자꾸 되묻고 싶었다
간밤 홀로 무지개다리를 건너간 어린 고양이야
다시 달빛 타고 올라간 아기 천사 길고양이야
팔월 염천 하루가 내내 시큰거렸다
이름도 받지 못한 어린 길고양이야

장난 묘 은별

(새끼 길고양이가 사람 손에 크는 것이 마냥 신기할 뿐이다)

은별아 요 왈가닥 새끼 고양이야
한 묘연으로 해서 너는 내게로 왔다
너는 이따금 트위스트를 추듯
등허리를 활처럼 휘어 멋진 스텝을 밟는다
이건 매우 기분 좋을 때
네가 보여주는 특별 서비스다
곤추세운 꼬랑지를 슬쩍 잡아당겨 올리면
아야 아야 엄살을 떨다가
별안간 날카로운 발톱으로 솟구쳐 오른다
네 몸엔 야생의 피가 여실히 흐르고 있다

(잠시 휴전)

어디로 숨었니
나는 구석구석으로 너를 찾아다닌다

>

깜찍하게도 너는 긴 꼬리를 숨기진 못한다
네 활개로 그새 누워 잠든 꼴이라니
가끔씩 네가 사람새끼가 아닌가 착각도 한다
헌데 너는 소리 내 웃을 줄을 모른다
이것이 사람새끼가 아닌 것은 확실해
어쩌면 내가 전생에 고양이였을지 모른다
그렇다면 어디 한번 목소릴 가다듬어
니야옹

고양이 하녀

그러니까 나는 고양이 하녀다
한여름날 그리 돼버렸다
탯줄 매달고 한꺼번에 내게 왔을 때
나는 기꺼이 고양이 엄마를 자처했다
위치가 뒤바뀌는 것은 한순간이었다
분유 타 오면 서로 먼저 먹겠다고
분유병 움켜쥐며 손등을 할퀴어댔고
식염수로 눈곱 닦아주면 살살하라고
가시 발톱을 세웠다
온몸에 물찌똥 싸 바르는 것은 다반사여서
목욕시키면 감기 온다고 난리 쳐댔고
온풍기 바람으로 젖은 털 말려주면
숨 막힌다고 또 앙냥냥 거렸다
꼬꼬닭아 우지 마라 멍멍개야 짖지 마라
겨우 자장가로 재워놓고 나면
정확히 두 시간 만에 깨어 나를 찾았다
배고프니 당장 분유 대령하라고
오줌똥 젖은 자리 냉큼 갈아내라고

아홉 마리 새끼 고양이들이
악머구리 떼로 낮밤을 흔들어대고 있다
어미 잃고 의탁하러 온 주제에
완전 나를 하녀로 부려먹고 있다

김꽃비

꽃비가 또 하악을 날린다
나야 엄마야 해도 못 알아먹는다
치킨 접시 내밀 때면 옆구리도 곧잘 허용하면서
외출서 돌아올 때면 층계참에 착 버티고 서서
거침없는 하악질이다
꽃비야 제발 이러지 마
아무리 애원해도 소용없다
누가 이집 주인이지
너 집주인을 물로 보는 거야
기가 차서 하악 소리를 마주 내보이면
기다렸다는 듯 이젠 작심하고 덤벼든다
난 정말 억울해
달아나는 게 하도 속상해
엉덩이 한번 내려친 것밖에 없다
층계 발소리에도 무섭게 줄행랑치던 것이
어미 됐다고 대뜸 주인 노릇 하려 드는
김꽃비 너 영양가 없는 고양이야
진짜 이래도 되는 거냐

기어코 수평적으로 가보겠다는 거냐
꽥 소릴 지르고야 후다닥 비켜준 층계를
구시렁구시렁 올라오다 뒤돌아보면
꽃비는 대문 밖으로 냅다 달아나고 있다
그러다 딱 멈춰서는 휘익 고개 돌려
내가 뭘 어쨌게요 빤빤히 쏘아본다

순명(順命)

 잔뜩 끓여놓은 가마솥 숭늉을 먹고 돌아설 때였다 온 부엌 바닥에 밥풀떼기를 묻혀놓고 번개쐬가 부뚜막에 올라앉아 있었다 나를 빤히 올려다보는 눈이 한 개뿐이었다 왜 이리된 거니 가슴을 진정시키며 번개쐬의 외눈박이 눈을 들여다보았다 번개쐬가 가마 솥단지로 무심히 눈길을 던졌다 솥단지 숭늉 속엔 번개쐬의 반쪽 머리가 들어 있었다 어떻게 이럴 수가 있니 너무 놀라 고개 올려보니 이번엔 번개쐬의 머리가 달려 있지 않았다 이제 너는 머리 없는 고양이로 살아가야겠구나 번개쐬를 끌어안고 어깨를 들썩이며 엉엉 울었다

　괜찮아 그럼 괜찮고말고
　어둠 속에서 커다란 손이 나와 내 어깨를 토닥였다
　그래도 번개쐬가 너무 가여워요
　그럼 가엾지
　그러나 순명으로 받아들일 밖에 도리가 없잖니

　꿈에 깨나서도 한참을 더 소리 내 울었다

아침에 꿈 생각이 일어나

마당에 내려가니 귀뚜라미 머리 하나가

번개씨 집 앞에 떨어져 서럽게 울고 있었다

출가

*

절집 후미진 그 추녀 밑이 나는 좋다
주인은 말했다
애야 너도 성불 이룰 참이니
주인은 번쩍 안아 내 눈을 들여다본다
나는 아무런 답을 줄 수가 없다
아무래도 이것이 성불할 모양이야
주인은 혼잣말로 고개를 끄덕인다
언제부터인가 무엇에 이끌리듯
좁은 창문을 비집고 나가보면
어느새 법당 문 앞에 서 있는 나를 발견한다
염화미소로 법당 중앙에 자리하신 부처님
금수에게도 성불이란 것이 있을까

**

나는 버려진 새끼 고양이
길고양이 어미에게서 태어났다
주인은 내 울음소리가 소름 끼친다고 했다

날이 풀렸으니 이젠 네 어미를 찾아 떠나거라
봄 기운을 타고 나뭇가지에 물이 오르자
주인은 내 귀를 잡고 소곤거렸다
화가 나서 나는 있는 힘껏 발톱을 세워
주인 손등을 긁어버렸다
주인 손등에 깊은 생채기가 났다
나도 좋아서 이러는 게 아니란 말이다
주인은 몇 차례나 손바닥으로 내 볼기짝을 내려쳤다

***

이제 나는 동족의 일원이 되려 한다
그러나 솔직히 동족과 섞여 사는 것이 두렵다
지난겨울 폭설 내린 절집 추녀 밑에서
처음으로 마주친 동족을 나는 잊지 못한다
그날 기절초풍해서 주인 품으로 뛰어들었다
아무래도 정상적인 삶은 아닌 게야
흘깃 주인 눈치를 살피는 늙은 동족 눈길이 수상했다
내 사는 방법에 처음으로 의문을 품기 시작했다

나도 동족의 세계로 들어가 보고 싶었다
그러나 그들은 사람 냄새 밴 나를 지나쳐 갔다
동족과 살기에 나는 너무 멀리 와 있는 것일까

****

짧은 해가 어둠을 끌어내린다
그 많던 동족들이 하나도 보이지 않는다
그들의 안식처를 찾을 수가 없다
글쎄 고양이가 새벽에 나가 안 들어오지 뭐냐
내버려 두세요 저도 집 떠날 때가 됐잖아요
불빛 아래서 주고받는 주인 모자
저녁 밥상이 따뜻하다
비릿한 생선 냄새가 허기진 창자를 긁는다

*****

이제 나는 어디로 가야 하나

제2부

봄밤 時

봄밤을 할퀴려 들지 마
찰나의 발톱으로 불면을 낚아챌 수도 있어

의식이 파멸되는 순간이 아니라면
사정거리 안으로 들어오는 것조차 허락지 않았을 거야

표면으로 번지는 그림자는 위험해
어둠의 흰빛은 종종 환지통을 보여주지
불면에 시달리는 봄밤은 더욱더 그래

  느리고 고된 섬광, 아늑한 황량함, 으스스한 틈새, 몽롱한 집중, 외설적인 고독*

정신은 잠가둔 채 감각만 열어두겠어
그러니 더 이상 봄밤을 할퀴려 들지 마

난 극한으로 가는 시간이야

---

*김혜리, 『그림과 그림자』

그러할 연(然)
─갑작스런 소나기

너는 자그마한 새 같았지

메마른 겨자 눈빛을 하고 있었어

마주친 한낮은 낮은 중력보다
더 낮은 고요함으로 흔들렸지

그 시간은 아주 길고도 아주 짧아
멈춘 물소리조차
바쁜 초침으로 돌아갔어

(⋯⋯ 갑작스런 소나기⋯⋯)

그날은 우주를 벗어난 별똥 부스러기들이
지구에 한 획을 그은 날이기도 했어

가엾게도 바닥에 떨어져 내린 건
붉은 행성이 아니라

겨자빛 마른 네 눈물이었어

우주 행성 어디에서 떨어져 나왔든
지구 물가 어디에서 주워 들려졌든

기진맥진 열여덟 해의 시차를 거쳐
그럴 연으로 닿았으니

쉿! 아가야 울지 마

넌 그만 내 나비 혼이야
뜨거운 무덤 속 필연으로 온
내 나비 혼이야

떨림, 새빨간

경계의 절정에 이르는
새빨간 혀의 떨림

강렬해서 아름답게 느껴지는
그러나 잠시 후에 밀려오는 알 수 없는
어떤 슬픔의 한계

내 떨림은 함정이야
일 그램도 안 되는 난해한 공식이지

존재한 적 없는 백과사전과 메마른 사각형의 문장과 수직으로 와닿는 어제의 비문처럼

허방,
간극,
단애,

시의 연금술이라 믿는

찰나

경계의 절정에서 다시 떨려 나오는
새빨간 혀

하악

푸른 반역

벌레에 갉아 먹힌 구멍처럼
때론 부식된 울음을 잘라내고 싶은 거예요

밤은 우리의 영역이에요

특히 보름 달밤에는 죽창을 치켜들고
푸른 반역이라도 일으키고 싶은 거예요

영혼마저 위험해질 순간이라고
왜 없었겠어요

사실은 그게 아니라고
소리쳐 항변해보고도 싶었지만
울음은 그런 거예요
누구도 막아낼 수 없는
그런 거라고요

처음부터 어긋나버린 인연이라면 미리 알아챘어야 했다

고요
    어디서부터 무엇이 잘못됐는지 벌써 확인됐어야 했다고요

    그러나 사랑과 증오는
    이미 통해버렸으니

    그래요 당신은 거기서 나는 여기서

    우리 이만 쉿,

소화불량증

사람이 들어오는 것도 모른 채
수세미처럼 웅크리고 앉아
허겁지겁 저녁 만찬 중이다

체하지 마라
소화시킬 튼튼한 위장도 되지 못하면서
나도 별반 다를 게 없다

밤하늘엔 불꽃놀이가 한창이다
공중으로 퍼져나가는 폭죽 부스러기들
우주에서 떨어져 나온
행성 한 조각은 어두운 서가에 박혀
끝끝내 나오지 않는다

어디였더라 분명 여기 이 자리였는데
화장실 출구를 바로 눈앞에 두고
진종일 서가에 붙박여서
지식 목록을 뒤지고 있다

꾸르륵 꾸르륵

도무지 감당 못할

소화불량증

그러한 묘연

겨자빛 고양이는 작은 새 같았다
바위틈에서 인형처럼 조용했다
고양이를 안아 가래나무 아래에 내려놓았다
방금 전까지 새끼들에게 젖 빨린 흔적과
어제인 듯 티엔알 수술실밥이 선명히 들어왔다

이건 뭐지······

당혹스러움에 내 몸에서
한 겹 막이 벗겨나가는 듯했다
일방적 인간의 이기적 배려가
당연한 삶을 사지로 몰아넣기도 하겠다는
인지의 파장이 오자
심장과 안압이 열을 내기 시작했다

홧 홧 홧

달궈진 바닥에 놀라 튀어오르는 물방울처럼

가슴이 삼박자로 뛰어다녔다
'후에 닥칠 일은 미리 계산에 넣지 말자'
피서를 중단하고 사위어 가는
고양이를 바구니에 담아 안았다

남양주 조안천에서 팔당과 하남을 거쳐
광주 쌍령동의 모란동물병원에 도착할 때까지
고양이는 서럽도록 고요했다

흰 꿈의 이벤트

하룻밤에 두 권씩 책 갉아먹는
흰 토끼가 있었다
어제는 살아있는 토끼를 화분에 심어
정류장에 진열해놓는 이벤트도 있었다
길 중앙 일렬로 놓인 화분 속에서
양분을 죄다 소진한 토끼가
힘없이 분갈이 차례를 기다리고 있었다
새 흙이 화분 속에 담기자 토끼는
두 발을 얌전히 화분 속에 내려놓았다
축 처져 있는 토끼를 심으며
여자는 토닥토닥 자장가를 불렀다
애야 무럭무럭 자라나서 얼른얼른 죽어주렴
그래야 나도 눈감고 곤히 잠들 수 있단다
허리까지 묻힌 토끼는
생기 되찾은 빨간 눈을 굴려가며
까딱까딱 여자의 자장가에 리듬을 맞추었다
화분에 심긴 토끼를 보려고
버스정류장 사람들이 전부 몰려들었다

어젯밤 멀쩡하던 책에 이빨 자국을 낸 것도
이 토끼 때문이란 걸 말해줘야 하나
밤이 되자 화분 속 토끼가 뛰어나와
책 속으로 폴짝 숨어들었다

비밀공작

공작은 꼬리 깃털에 비밀을 감추고 있다
공작 날개가 우아하다고 쓰는 것은 진실이 아니다

진실은 아르고스가 떨어뜨린
백 개의 죽은 눈동자

그러기에 그런 맹목적 충성을 다하는 게 아니었지, 다시는 헤라의 거짓 장난에 놀아나지 않겠다, 다시는 미혹의 피리 소리에 잠들지도 않겠다, 귀족 날개로는 더더욱 춤추지 않겠다, 둔 다짐에 거듭 다짐을 두지만

그러나 슬프게도 우아한 날개로 읽는 오독이
또 한 번 너를 공작으로 몰아가고 있다

그러니 뻔뻔한 비밀을 꽁지깃에 숨긴 공작아
화려한 꽁지 펼쳐 들기 전에 부릅뜬 눈으로 네 날개를 감시하라
어리석은 눈물 내보이기 전에 진실의 깊이로 너를 밝혀내라

아르고스에서 떨어져 죽은
백 개의 눈은 여전히
차가운 광장 바닥을 훑고 있다

불언(不言)

말문은 조일수록 간단해졌다
침묵? 그것도 틀린 말은 아니다

수소 이분, 암소 삼분, 송아지는……

백이십일 마리 소가 살처분에 든 시간은
불과 아홉 시간이었다
그러니 미리 죽음을 알아챘다고 뭐가 달라져
그냥 블랙홀이지

날뛰던 질문들이 잠잠해졌다

산 울음들만 캄캄한 구덩이로 쏟아져 내렸다
대안 없는 행정이 재빨리 그 구덩이를 메웠다
쓰러진 암소를 끌어안고 울음을 터뜨리던
젊은 아버지도 졸속으로 살처분 되었다

상황은 단번에 끝나버렸다

후세 사람들은 턱뼈에 남겨진

소 이빨을 주워 들고

함부로 생목숨 나잇값을 매길 것이다

다시 불면중

집주인은 나인데 방 보러 왔다는 사람들이
집 안을 전부 차지하고 있었다
노인들은 안방에 네 활개로 누워
전국노래자랑을 보고 있고
중년 여자들은 거실에 앉아 수다 삼매경이다
작은 방엔 아이들이 옷걸이 봉을 타고 오르며
온갖 야단법석을 떨고 있다
당장 나가지 않으면 무단주거침입으로
경찰을 부르겠다는데도 그들은 너무나 태연했다
허락 없이 어떻게 남의 빈집에 들어올 수 있냐고 따져 묻자
현관문을 열어주던 젊은 남자는
내 전화번호를 자기 집에 놓고 왔다고
너무도 당당히 말을 받았다
이러다가 집주인이 바뀌는 것은 한순간이겠다고
밤 일기에 꾹꾹 눌러 적었다
그리고 이튿날,
그 사람들이 또 몰려왔다고
나는 같은 일기를 반복해서 적어 넣고 있다

동굴나비

가로 60센티미터 세로 30센티미터
덮개 종이상자 속에 늙은 고양이 웅크려
접시째 들이는 먹이를 받아먹고 있다

먹고 자는 그 자리가 또한 배설 장소다
대낮이건 오밤중이건 그건 중요치 않다

배설 자릴 갈기 위해 덮개를 열면 더
구석으로 숨어든다 촉수란 촉수는
다 닫아걸고 몇 날을 침잠해 있다

─네가 될 그 무엇은 무엇이지
─나는 나비가 되려고 해요

빛 감춘 예순다섯 날이 지나고
덮개 상자 안이 조용해졌다
늙은 고양이가 상자 밖으로 나왔다
완벽한 동굴나비였다

캄캄한 눈

어젯밤에 침입자가 나타나 우리 고양이 눈을 몽땅 훔쳐갔다

나는 그를 찾아가 제발 우리 아기들 눈을 돌려달라고 울며 불며 매달려 애원했다

그가 순순히 고양이 눈을 돌려주마 했는데 그만 내 눈이 확 떠져버렸다

단지 실험해 보기 위해 눈을 가져갔다는 침입자의 눈빛이 너무 캄캄해서였다

제3부

나비/고양이

사람들은 고양이더러 나비야 나비야 부르지만
날개 없는 고양이는 나비가 아니다

고양이가 나비라면 이층 허공에서 몸 날리는
무모한 상황은 만들지 않는다

어린 고양이어서 도무지 앞을 못 보는 어린 고양이어서
이층 난간에 겁 없이 매달렸다

캄캄한 난간 모서리 발톱 끝에 휘어잡고 안간힘으로
버팅기다가 그대로 몸 실어 허공에 날렸다

퍽! 소리 하나로 콘크리트 바닥에 납작 엎드린 후에야
눈먼 어린 고양이는 나비가 될 수 있었다

진짜 나비가 되어 허공으로 날개를 밀어 올렸다

밤 거미

거미는 매일 밤 포식자로 찾아온다
그것은 거꾸로 매달려 끈기 있게 기다린다
입맛 다시며 내뿜는 눈빛 점액질

어릴 적 아침 밥상머리에서 듣던
고운 손(客)거미는 이미 아니다

얼굴에 검은 줄 늘어뜨리고
그것은 야금야금 달려든다
팔다리 먹힌 몸뚱이가 끈끈이 줄에 매달려
사잇 사잇 버둥거릴 때

먹이를 차압시킨 포식자는
뒷다리 훑어가며 제의를 치른다
짧은 목 움츠렸다 펴 들었다
엄숙한 경건을 가장한 채

느릿느릿 천천히

자각몽

숲속에서 새끼 고양이 울음이 들려왔다
고양이 울음소리를 찾아 숲속으로 뛰어갔다
반짝 어둠 속에서 빛 고리가 나타났다
빛 고리가 다가와 소곤거렸다
이건 꿈이 아니야 바로 현실이야
갑자기 두려움이 밀려들었다
아냐 이건 꿈이야 누가 꿈이라고 말해줘
간절한 심정이 되는 순간
어둠 속 바탕을 찢으며 또 다른
빛 고리가 나타났다
어둠 속을 빙빙 돌던 빛 고리는
고양이 울음을 차단시켜버렸다
빛 고리가 다시 다가와 소곤거렸다
맞아 이건 현실이 아니야 지독한 꿈이야
숲속에서 한 발치 벗어나려는데
새끼 고양이 울음이 또다시 들려왔다
자리에 주저앉아 울고 싶었다

낮은 경배

점심엔 선홍빛 꽃등심으로 먹어주겠니
저녁으론 매콤한 제육볶음은 어때

허나 그렇게 묻는 건 예의가 아니었다

쇠갈고리에 걸린 살덩어리들아
한때 이유 없이 너를 경배했으니
그것은 야차의 웃음이었거나
생을 구걸한 모독이었다

조각난 肉들이 형광불빛 아래서
붉은 꽃살문으로 퍼져나갈 때
'그대는 몰라 그대는 몰라'
댄서의 순정이 빠르게 울었다

살처분을 쏟아부은 텔레비전 구덩이는
이미 화면 밖 저만큼으로 달아나 있고
굳게 포갠 구제역 울음들만

블랙홀로 빨려 들어갔다

얼핏 고개를 드는 순간
이때다 싶은 '울어라 색소폰아'가
정육점 진열장으로 툭 떨어져 내렸다

내 몸도 함께 쿵! 하고
떨어져 내리는 듯했다

위악

여름 게장으로 담근 집게발 속에서
구더기가 줄줄이 새어 나왔다
잘린 말머리를 파먹은 뱀장어는
양철북*에서 기어 나왔지만
나는 아그네스처럼 임신 상태도 아니었고
입 안에 직접 넣은 것도 아니었으므로
구토까지 유발하진 않았다
사람 위장 대신 구더기 입이 먹어준 것뿐
그러니 뭔 대수이랴 싶었다
수돗물을 틀어 말끔히 흔적을 씻어 내렸다
이제 됐다! 깨끗이 돌아서는 순간
부패 냄새가 목구멍으로 매달렸다
허연 젤리 같은 것이 목구멍에서
쉴 새 없이 딸려 나왔다
진을 다 빼고 나서야 구토는 멈췄다
별러서 담근 게장은 구더기로 변질됐고
위선 따윈 절대로 믿을 게 못되었다

---

*귄터 그라스

흔들리는 경계

육중한 버스가 고양이 몸으로 올라서자
내 몸은 순식간에 말려버렸다

안 돼 이러지 마
온 힘을 쥐고 버스를 밀어냈다

가뿐히 아주 가뿐히
버스는 내 몸 위를 지나갔다
어떤 느낌도 전해지지 않았다

질끈 감았던 눈을 뜨고
재빠르게 뒤돌아봤을 때

도로에 엎드린 얼룩 고양이는
의연히 버스 무게를 받아내고 있었다

한마디 비명도 없었다

그만큼의 교요

놓쳐버렸다

잠시의 성공
두세 번의 발바닥 희롱에
사붓 날아가 버렸다

이럴 때 날카로운 발톱은 무용지물이다
아쉬움에 쭉 뻗친 수염을 훑고 있다

다시 기다린다

조심조심 조금만 더
가까이 가까이

눈조리개로 거리 조절하는
진지한 포복 자세

생쥐 한 마리 앞에 놓고

목덜미 움켜쥐며 발톱 세우던
그 만만함과는 완전 딴판인

됐다 앞발 들어 덮치는
부드러운 저 민첩성

딱 경지에 오른 교요함이랄까

우호적 숨긴 말

고개를 꺾어 번개씌 입에 뽀뽀를 붙인다
'잠깐―'
번개씌 입 틈새에서
숨겨진 말들이 새 나온다

 뭘 그리 애를 쓰지? 우리의 언어를 듣고 싶다면 녹색의 두 눈을 읽어봐. 우리의 눈은 죽음과 동시에 생명을 포함하고 있어. 악마적이면서 신적이지. 이런 우리를 인간들은 마녀의 친구라 적대시했어. 그래서 과거 한때는 화형대의 제물로 바쳐지기도 했지. 왜 언제 우리가 마녀로 태어난 적 있었나? 언제나 옳다는 노랑둥이와 아홉 개의 목숨을 사는 고양이가 있다는 것도 전부라곤 믿지 마. 그 무엇도 진실은 없어. 다만 우린 침묵의 동반자일 뿐, 우리의 자존감은 우리가 스스로 지켜나가. 모든 게 다 그렇게 되어 있기 때문이지. 정말 그렇다고 생각 안 해봤어?

 번개씌가 깜빡 눈을 감았다 뜬다
 우호적인 표현이다

'그래 딱 한 번만이야 두 번은 안 돼'
짧게 한번 뽀뽀를 붙이고
바로 고개 외틀어 자리 비켜 뜨는
번개씨

그냥 일상,

죽음을 목전에 둔 노인만 고요하다

곧 유족이 될 가족들은 포도 씨를 톡톡 뱉어내며
바보상자의 말장난에 까르르 웃음을 쏟아낸다

거실은 일상이다

웃고 화를 내고 밥을 먹고 화장실을 들락거리고
입맛 잃은 고양이를 근심한다

물 한 모금도 힘든 노인이야 살 만큼 살다 가는 것이니
딱히 애석할 것도 없는 거라고

시원한 에어컨을 틀어놓고
소파에 기대 누워 일상을 주고받는다

죽음을 목전에 둔 노인만 어둑한 방에 홀로 담겨 있다

노루목 산장 이야기

씀바귀 줄기를 꺾자 보얀 젖이 흘러나왔다
이 젖을 아기에게 먹여라

곱사등이 늙은 어미 무릎 꿇어
마른 젖가슴으로 고개 돌려 앉아 있고
얘야 목숨은 그런 게 아니란다
비운으로 매달린 결핵 뱉어내지 못한 죄
더는 도망칠 곳 없어 오층 건물을 뛰어내린
모딜리아니의 사랑아

팔 개월 된 뱃속의 아기 잔느가 아직도
배꼽에 달라붙어 어미젖 올려보고 있으니
어미 잔느야 얼룩진 눈물 그만 그치고
이 젖을 아기에게 먹여 보아라

젖무덤 내놓고도 아기 입에 물리지 못해
입술 깨물어 피 토하는 젊은 잔느 앞으로
보얀 씀바귀 젖 내밀어 아픈 모정 달랬다는

늙은 거미

> 우리는 아테나에 의해 거미로 변해 자신이 뽑은
> 실에 매달려 있는 그녀를 종종 발견하곤 한다
> ―베티 본햄 라이스, 『그리스·로마 神話』

가는 빗살이 실을 뽑아 팽팽히 잡아당겼다가
제자리에 도로 놓을 때
비좁은 세탁소의 늙은 거미는
연옥에서 흘러나오는 판소리 가락에 손 움직여
한 땀 한 땀 박음질을 이어갔다
태어나면서 운명은 이미 결정지어졌으므로
누굴 탓할 일은 결코 아니었다

"못된 계집 같으니라고!"

감히 여신에게 도전장을 던진 오만함의 대가로
한 가닥 실에 매달려 실을 뽑아야 하는
영원한 직조공 아라크네 자손아

그러나 한 생애 굴욕이 무엇인지조차 모르는
늙은 거미는 무겁게 늘어진 세탁물 아래서

쉬지 않고 손재봉틀을 돌렸다
드르륵드르륵
실이 풀리는 긴장 속도에 따라
그날의 노동이 바늘땀에 스며들었다

"좋아! 네가 내 마음을 움직였어"

아테나의 동정심이 느슨하게 풀릴 때
자투리 피륙을 깁던 늙은 거미는
막바지에 다다른 자신의 생을 알아챘다
연옥의 판소리 가락에 맞춰
한 가닥 남은 피륙을 재빨리
재봉틀에 박음질해버렸다

대관령의 파르티잔들

(새벽으로 달려온 대관령 목장은 짙은 여름 서정이었다
양 떼들은 산등성이에서 평화롭게 아침 풀을 뜯고 있었다)

입장료 대신 지불한 한 바구니 건초를 받아
묶인 양들에게 먹이고 돌아서는데
별안간 안개가 달려들었다

한 치 앞을 내다볼 수 없는 안개 속,
목장 언덕을 오르는 사람의 형체가
먼 실루엣으로 지워지다가
마침내는 안개 속으로 사라져버렸다

왜인지는 모르겠으나
문득 태백산맥*의 한 장면이 떠올랐다

 길 잃고 산속을 헤매고 있는 파르티잔들, 이데올로기에 희생된 산 사람들, 아픈 역사가 된 과거의 빨치산들

자동차 안에서도 안도가 되는 것은 아니었다

요괴가 안개 속에 숨어 갈 길을 훼방 놓는 거라고
안개의 머리채를 휘어잡아 가는 길을 막는 거라고
조금은 두려운 얼굴로 클클거렸다

자동차 전조등은 이정표를 찾지 못하고
그예 반대편 차선으로 들어서 버렸다
보이지 않는 앞을 더듬어 겨우 제 방향으로
찾아들고 나서야 안개는 머리를 거둬들였다
물러나는 안개를 돌아보며 나는 중얼거렸다

아무래도 억울하게 잊혀간 산 사람의 방해였거나
머리 풀어헤친 안개의 음모였다고
지독한 안개였다고,

---

*조정래.

습윤 마을

 하필이면 타인의 가족공원묘지였다 저녁 안개는 머리카락을 풀어 묘원 둘레를 흐르고 있었다 느닷없이 맞닥뜨린 죽은 자들이 사는 마을 앞에서 나는 흠칫 몸을 떨었다

 뭐가 무섭다고 그래? 안개 사라지기 전에 얼른 만져봐야지! 자동차 안에서 내리길 거부하는 내게 당신은 안개 속에 손 넣어 휘휘 저어보고 싶다던 좀 전의 내 말을 다짜고짜 상기시켰다 뭐해? 내리지 않고? 주춤거리는 내게 당신은 어서 내려 흩어지는 안개 만져보기를 종용했다

 당신을 믿고 차에서 내려 몇 걸음 옮겼으나 두려움은 떨쳐지지 않았다 안개 속에 섞여 흐르던 손이 나타나 스윽 얼굴을 쓸어내릴 것만 같았다 발걸음에 와짝 달라붙어 겁먹은 발목을 휘감을 것만 같았다

 알록달록 무덤 앞에 꽂아둔 조화조차 무서웠다 조상 묘 앞에 생명 없는 꽃들은 왜 꽂아두는 걸까 우뚝 서 있는 검은 비석은 무언으로 감시하는 사자(死者) 같았다 여기까지 올라와

정적을 깨우는 너희는 누구냐! 죽은 자들이 벌떡 일어나 뒷 목덜미를 낚아챌 것 같아 연거푸 뒤를 돌아봤다 이 일가들은 왜 죽어서까지 한 마을을 이루고 있는 걸까

 달라붙는 두려움을 떨쳐내지 못하고 내가 한자리에 얼어 붙어 있을 때 아하! 당신은 꽤나 느긋했다 언덕 위 구부러진 소나무 사이로 자동차 풍경이 제법 운치 있다며 이리저리 스마트폰을 옮겨 찍으며 사뭇 여유를 부렸다 죽은 자의 마을에 올라와 산 자의 마을을 내려다보는 풍경도 그리 나쁘지 않다 며 연신 나를 손짓해 불렀다

 잠시 소강상태였던 장맛비가 다시 흩뿌려졌다 흩어지는 안개를 만져볼 엄두도 못 내는 나를 아랑곳없이 비문을 읽어 내리는 당신을 두고 얼른 차에 올랐다 어둑한 습윤 기운이 묘원을 서서히 덮어 들었다 죽은 일가 마을을 돌아보며 나는 한 번 더 몸을 떨었다

독감 연금술

 오래된 성벽 위 바오밥나무가 거꾸로 자라나고 있다고 쓰다가 까무룩 졸음이다 무덤 위로 검은지빠귀가 내려와 단조 음계를 불고 있다고 쓰다가 까무룩 졸음이다 미나리깡 앞으로 암탉 한 마리가 경쾌하게 걸어가고 있다고 쓰다가 까무룩 졸음이다 너럭바위 움푹한 자리에서 염소젖이 보얗게 흘러내리고 있다고 쓰다가 까무룩 졸음이다 알약 삼킨 활자가 모니터에 들어앉아 병든 수캐처럼 졸고 있다고 쓰다가 까무룩 졸음이다 방 안 모든 게 다 흘러 다닌다고 쓰다가 까무룩 졸음이다 까무룩 까무룩 보이는 것은 다 졸고 있다고 쓰다가 또 까무룩 졸음이다

제4부

참

왕새우 한 마리
식탁 위 굴비 뱃속에서 나왔다

바다에 삼켜지고도
온전한 형태로 육지로 올라와

고스란히 젖 물리는
어미 고양이 차지가 되었다

달게 잡숴주신다

눈뜨기 시작한 새끼들도
덩달아 흡족해질 것이다

사랑니

사랑니가 뽑혀졌다
열 살 즈음에 태어나 오랫동안
입 안에 품던 사랑니였다
마취한 기계에 저항 없이 사랑니를 내주고
잇몸은 그 자리에 붉은 무덤을 만들었다
젊은 엄마가 유년의 기억을 데려왔다가
재빨리 무덤 속에 묻어버렸다
짧은 몇 분이 몇 시간인 듯
일어서 나오는 다리가 휘청거렸다
많이 아프세요? 의사가 놀라 묻는데
기다리던 스무 살 딸아이는
엄마 또 오버야? 크르륵 웃음을 터트렸다
저런 인정머리 없는 것 같으니라고!
하얗게 흘겨주는 눈 속으로
소용 닿은 듯 소용 닿지 않은 듯
무심히 버려뒀던 사랑니가 들어왔다
주머니 속에 챙겨 나올 걸!
차가운 기계에 떨어뜨려놓고 온

충치 먹은 사랑니가 후회됐다
까치야 까치야 헌 이 줄게 새 이 다오
더는 까치에게 부탁할 수도 없는 노릇이었다

외달도

외달도를 데려왔다
목포에서 여객선 타고 들어가 담아온
외달도를 일곱 시간 고속도로를 달려와
집 안에 풀어놓았다
집 안이 온통 바다로 넘쳐났다
거실을 거쳐 주방으로 흘러들어간
바다는 파도로 넘실거렸다
해초들이 몸을 풀어 자유로이 유영했다
바다풀을 몇 번이나 헹구었다
파래 종류인지 우뭇가사리 종류인지
확실히 체득된 바 없어 말간 물이 나올 때까지
수돗물을 틀어 헹구고 또 헹구었다
뻘 구멍은 가져오지 못했다
썰물 자리엔 작은 구멍들이 셀 수 없이 많았으나
그간의 깜냥으론 도대체 알 방도가 없으니
엄지손가락 하나를 쑥 밀어 넣어봤다
엄마얏!
손가락을 빨아들이는 소용돌이 구멍 속,

(그것을 블랙홀이라 명명한다면
구멍 속에 도사리고 앉아 끝끝내 기다려볼 것
무례한 손가락 마디 잘라 물고 냉큼 달아나버릴 것)
화들짝 놀라 손가락을 빼냈다
멀쩡히 붙어 있는 손가락 끝에 뻘만 묻어났다
다슬기 구멍인지 게 구멍인지 혹은 쏙 구멍인지
그 깊은 속을 헤아릴 수 없으니
궁금증은 자전하는 달 주기에 맡겨두고
비닐봉지에 질끈 묶은 외달도만
밤 고속도로를 달려 집으로 데려왔다

퐁당퐁당 봄날 저녁이

다 늙어 입덧은 절대 아니건만
임 생각이 절로 나는 날은 더욱 아니건만
하도나 간절해서 열무김치 담근
봄날 저녁

바깥 씨와 안해 씨가 수제비를 준비한다
안해 씨가 밀가루 반죽하는 사이
바깥 씨는 뭉툭뭉툭 감자를 썰어놓는다
우악스럽게 이게 뭐야 안해 씨는 불퉁거리고
거 참 해줘도 뭐래 바깥 씨도 맞받아 불퉁거린다

그래도 바깥 씨와 안해 씨
세치머리 맞대고 멸치 다시마 끓는 국물에
반죽덩이를 떼어 넣는다

퐁당퐁당 반죽을 떼 넣자
납작납작 예쁘게 떼 넣자
퐁당퐁당 반죽을 떼 넣자

두툼두툼 알아서 떼 넣자

하하 벌써 감자 수제비 다 됐네!

불퉁거릴 때는 언제고
막 담근 열무김치 한 보시기 상에 올리고
뜨거운 수제비 한 대접씩 담아 들어
서로 한 수저씩 떠
당신 입에 아— 먼저 넣어주는

경안동 순천추어탕

경안동 작은 골목 안에는 여의도에서
옮겨 왔다는 순천추어탕이 숨어 있지
중독성 맛이 기가 막혀
서울서도 소문 듣고 찾아온다지

기본 찬이 상에 먼저 놓이면
알배기 노란 배추쌈 안주에
초록 이슬 한 잔부터 맑게 따르지

부드러운 쌈장은 언제나 마약이지
곰삭은 멸치젓도 마찬가지지
새콤 익은 갓김치와 막 버무려낸
배추겉절이도 비밀 맛을 숨기고 있지

봄 부추는 특히나 인삼보다 보약이어서
아들에게 주지 않고 사위에게 준다는데
당신은 우선 집어 올린 봄 부추를
내 뚝배기에 우북 넣어주지

이제 당신은 자꾸만 술잔 부딪치기를 원하지
귀찮은 나는 저리 치워요
지금 추어탕 먹기도 바쁘다고요

그러면 당신은 갓 지어 나온 냄비 밥을
나무 주걱으로 후후 퍼 담아
내 앞에 친절히 밀어내 주지

성실한 당신은 언제나 술병을 맞잡고
나는 두 손 공손히 소주잔을 받들지

딸꾹, 구제 肉

햄을 먹었더니 이제야 밥을 먹은 것 같네!
저녁 식후 ㅈ씨의 발언은 충격이었다

우거지된장국 김장김치 총각김치 나박김치 열무오이김치
동치미무침 묵나물 알감자조림 새우조림 김 명란젓

한 끼 식사를 위해 밥상에 올려진
모든 찬은 다 소용없게 돼버렸다

밥상 앞에 앉을 때마다
구제역 살처분은 재앙이라 울분한 ㅈ씨였으므로
일주일째 육식을 올리지 않은
식단은 대번 아연실색했다

그러다 추가된 햄 하나로 그리 만족한 식단이 됐다면
까짓! 한 집안 가장을 위해
구제된 肉 하나 더 못 올리게 뭐냐고
그게 뭐 그리 어렵겠느냐고

딸꾹

대한 손님

이십사절기의 마지막 절기인
대한(大寒)에 대설(大雪)이 내렸다

그런 아침
백사 한 마리 실내에 출연했다

흰 뱀은 희망의 길조이며 숭배의 대상이라 했으니,
몸에 열 있어 가끔은 눈밭에 물의 신으로 나타난다 했으니,

눈밭에 사족 빠뜨리며
허물 입은 구렁덩덩 신선비로 오시었나
고상하고 지적인 신으로 찾아오시었나

밭 갈아주고 빨래해주고 까치한테까지 길 물어
옛 허물 찾아줄 민담 기다리며
백사는 순결하게 앉아 있다

짧은 꼬리는 틀어 올리고

머리는 고이 치켜든 채
손바닥 체온에 몸 녹이며

오랜 옛날에 그랬던 것처럼
구렁덩덩 신선비로 앉아 있다.

때때로 엄마가 다녀가신다

밤새 엄마는 미역 꼭지를 풀고 계셨다

주방엔 온통 해초 물 내음
찬물에 미역을 헹구는 동안
나보다 더 젊은 엄마가 지켜보신다
그러다 그예 한 마디 이르신다
힘줘서 빡빡 문질러야지
돌아보는 둥 너머로 뜰팡에 쪼그려 앉은
어린 자매가 들어온다

자매는 방 안 호롱불빛을 빌려
미역 꼭지를 풀고 있다
젊은 엄마는 아랫목에 볏짚 깔고 누워
아기를 밀어내고 있는 중이다
문틈 사이로 열 살 터울로 세상 빛을 본
아기의 첫 탄생 울음이 들린다
어여 미역국 끓여 내거라
출산을 돕던 아버지가 창호 문고릴 잡고

어린 두 딸에게 재촉 넣는다

연년생 자매가 어둑한 부엌에서
곰지락곰지락 미역 산국을 끓일 때
초가지붕에 걸렸던 칠월 열이레 달이
처마 아래로 내려오고

몸도 안 풀고 미역국을 끓일 때면
나보다 더 젊은 엄마가 이렇게 다녀가신다

당당 술래놀이

무궁화 꽃이 피었습니다아
무궁화 꽃이 피었습니다아

뭇 일들은 거울 밖으로 밀어놓고
전신 거울 앞에서 술래놀이를 한다
술래는 혼자 느긋하다

숨었니?

숨었다!

다 찾겠다 꾀꼬리 꾀꼬리
나는야 언제나 족집게 술래

점잖지 못하게 거울 앞에 머리 디밀고
머리카락 들추어 숨은 새치를
술래가 찾아 나선다 이리저리 찾아다닌다

앞머릴 헤집헤집
옆머릴 헤집헤집

가르마에서 딱 찾았다!
귀밑 아래서 딱 찾았다!

손가락에 침 발라 삐죽 솟은 새치를 뽑는다
후우후 입김으로 날려 보낸다

이번에도 술래를 자처한다
재차 거울 앞에 머릴 디밀며

꼭꼭 숨어라 술래에게 들킬라아
꼭꼭 숨어라 술래에게 들킬라아

당당 숨었니?

당당 숨었다!

은밀함의 정점
—『나보다 더 고양이』에서

태양과 우리 사이에는 은밀하게 합의가 되어 있어

우린 태양보다 먼저 잠에서 깨어나지

태양을 섬기기 때문이야
우리들은 악마들의 나쁜 영향으로부터
태양을 보호해야 해

태양이 정점에 이르고
햇살이 강렬해지면
우리는 꽃무덤에 들어가 눕지

우리의 초록빛 눈은 햇빛 받은 달의 색채를 연상시켜

그래서 우리의 눈을 달과 태양의 이중성으로 그려내지

우리는 자연의 아이들이거든

달의 힘은 너무 강해
모든 생물이 변신하게끔 부추기지
또한 우리를 약간 미치게도 만들지
특히 여름밤에 말이야

모든 자연이 그러하듯이 달은 우리를 불러내

정말로 달과 태양이
너희에게 영향을 미치니

혁명적이거나 게릴라적이거나

눈송이는 점점 몸집을 부풀렸다
눈이 혁명적으로 내리네

창밖으로 향해 있는 귀로 옆자리 시인 말이 뜬금처럼 들어왔다 체 게바라는 사내 이름과 게릴라라는 단어가 동시에 떠올랐다 혁명이란 표현보다는 게릴라라는 표현이 맞지 않을까 나름의 생각에 골몰할 때

우리에겐 첫눈이 내리네 그네에겐 마지막 눈이 내리네
동행 시인의 웃음기 섞인 말이 더 날아왔다

광주 톨게이트로 들어서면서 차들은 엉거주춤이다 혁명적이거나 게릴라적인 눈 탓인 줄 알았더니 하필 도로에 콜타르 작업 중이다 바닥의 콜타르 김이 폴폴 올라와 눈송이와 섞여들었다 올 첫눈은 혁명적이거나 게릴라적인 게 맞겠구나 줄곧 한 생각을 뇌이면서 강동역에서 5호선 전동차로 갈아탔다

광화문역 지하계단은 촛불 민심들로 꽉 들어찼다

앞사람의 발길을 따라 더듬더듬
겨우 출구를 빠져나왔을 때

출구에서 기다리던 촛불 혁명은
하야를 염원하는 이백만 민심들을
생생한 집회장으로 바짝 들어 올렸다

야생 봉침

야생버섯 조우하러 갔다가 말벌에게서
공짜 봉침을 맞았습니다
막무가내로 공짜 봉침을 놔주겠다니
얼떨결에 왼쪽 아킬레스를 내주고 말았지요
등산화를 비켜 허술한 발뒤꿈치 자리에
정확히 봉침을 찔러 넣더군요
단번에 발목에서 장딴지를 지나 허벅지로
찌릿찌릿 교신이 빠르게 올라왔습니다
해독할 능력이 없으니 벌겋게 부어오르는
발목을 끌고 병원으로 내뛰었습니다
주사 맞고 약 먹고 나면 괜찮아질 겁니다
항용 있는 듯 의사는 주사 한 방으로
아주 시시하게 교신을 해독해주더군요
호흡곤란의 두려움에선 벗어났지만
봉침 위력은 결코 겸손하지 않았습니다
들었다 놨다 정신이 혼미할 정도로
가려움증이란 교신을 새로 올려 보냈습니다
이것 역시 해독 능력 밖이니 절름발을 끌며

다시 병원으로 뛰었습니다
약 복용하고 연고 바르면 괜찮아질 겁니다
의사는 또 별거 아니란 듯 엉덩이 주사로
뜨거운 교신을 예단시켜 버리더군요
한 달 만에야 알레르기 해독에서 풀려났습니다
공짜 봉침 놔주고 목숨과 맞바꿨을
말벌한테도 참으로 민망한 일이었습니다

비가(飛歌)

아니야 제발 도망치지 마
너는 내 발자국 소리를 무섭게 감지하지
그리곤 민첩하게 달아나버리지
그것은 바람의 몸짓이지
너무 다급해져 작은 몸이 허공에서
기우뚱 쓰러질 때도 있지
달아나지 마 이젠 잡아가지 않아
소리치다가 나는 그만 푸하하 웃음을 터뜨리지
웃음소리에 너는 멈칫 고개 돌려 빤히 올려보지
달아나다 꼭 한번 뒤돌아보는 건
너희들의 오랜 습성이기도 하지
다 끝났어 이제 우린 한 가족이야
아무리 애를 태워도 소용없지
너는 어느새 바람처럼 몸을 숨겨놓지
내 발자국이 떠나고 한참 지나서야
다시 너를 들여다볼 수 있지
그러나 너는 또 저만큼 달아나 있지
너에게 내 발자국 소리는 염마일까

묘피지(猫皮紙)

우뚝 걸음을 멈추었다
성묘였다
뼈조차 완전 납작해져 종잇장 같았다
바람이 불면 폴짝 날아오를 것 같았다
어디가 머리고 어디가
엉덩인지 구분조차 되지 않았다
삼색 털만큼은 확실했다
예의라곤 처음부터 상실해버린
무례한 바퀴에 눌려지고 또 눌려졌을 것이다
가엾단 생각은 들지 않았다
막대를 찾아들어 그예 고양이를 더듬었다
음, 이쪽이 머리이고 저쪽이 엉덩이였군
얌전히 내린 손발까지 확인됐다
이번 사건을 죄다 기록해 놔도 될
완벽한 묘피지였다
그런데 어떻게 인도까지 와 누워 있나
딱딱한 콘크리트 바닥에서 눈을 떼자
팔월 폭양 아래로 덤프트럭이 무법자로 달려들었다

이드적인 꿈

 어젯밤 꿈은 이랬습니다 아랫집에서 불이 났다고 했습니다 불이야! 불이야! 화재를 알리는 사람들 소리가 왁자지껄했습니다 우리 집 거실까지 매캐한 연기로 꽉 차 있었습니다 아랫집서 들려오는 소방대원의 떠들썩한 소리는 매우 유쾌했습니다. 어영차! 어영차! 내용물 없는 정사각형 물건이 굵은 밧줄로 끌어올려지고 있었습니다 집 안이 까맣게 다 타버렸는데도 하얀 외피는 그을음 하나 없이 출고되는 물건처럼 깨끗했습니다 직접 대문 밖에 나가 보지 않았는데도 아랫집 화재 현장이 뚜렷하게 다 보였습니다 참 이상했습니다 아저씨도 이런 이드적인 꿈을 꿀 때가 있나요? 옆에 서 있는 융 아저씨께 지금 상황을 물어보다가 그만 꿈에서 깨어나 버렸습니다

해설

시와 고양이의 '치명적 떨림-정동(情動)'

고명철(문학평론가·광운대 교수)

1.

 어떤 대상을 향한 애정이 너무 지나치면 그것은 사랑이기보다 일방적 아집으로 비치기 십상이다. 그런가 하면, 그 애정이 진실되지 못한 채 어딘지 모르게 가식적으로 보일 때 그것은 기만으로 간주되곤 한다. 그래서일까. 근대의 삶 속에서 발견된 사랑은 유무형의 계약을 요구한다고 한다. 사랑이 자칫 아집과 기만으로 치명적 상처를 낼 수 있기에 존재들은 가급적 그 위험 요소를 최대한 줄이기 위해 암묵적으로 혹은 명시적으로 서로 침범해서는 안 될 경계를 긋고는 서로의 안전을 지켜주는 딱 그 정도만 만족하는 사랑을 한다. 그런데, 사정이 이렇다면, 예의 계약이 바탕을 이루는 사랑은,

엄밀히 말해, '서로의 사랑'보다 사랑을 하는 자신을 만족시키는 '자기 사랑'에 충실한 것 그 이상도 이하도 아니지 않을까.

이것은 김자흔의 이번 시집을 읽어가는 동안 피어오른 핵심적 문제의식이다. 시인 김자흔이 무엇보다 두려워하고 경계하고 있는 것은 바로 이러한 '자기 사랑'이 사랑의 진정성으로 왜곡된 채 우리의 삶 속으로 아주 자연스레 스며들어 있는 모습이다. 사랑의 형식에 구속된 채 서로를 구원하기는커녕 자신도 구원하지 못하는 사랑이 관성화되고 있는 데 대한 김자흔의 시적 성찰은 아집과 기만을 넘어설 뿐만 아니라 유무형의 계약에 바탕을 이루는 사랑과 거리를 둔, 그래서 사랑하는 자들 사이의 '치명적 떨림'을 동반하는 정동(情動, affection)으로 나타난다. 이번 시집에서 고양이는 김자흔의 이러한 시적 성찰을 이해하는 근원적 심상이다.

2.

그렇다. 고양이는 김자흔 시인에게 이번 시집의 문제의식을 잉태시키고 그것의 시적 사유와 시적 상상력의 전반을 틀어쥐고 있는 시적 대상으로, 고양이와 시인의 관계는 '치명적 떨림'을 동반한 서로 사랑하는 사이이다.

고양이 앞발은 한순간
달빛도 찢을 수 있는 날카로움이 있지
보름 달밤이면 접어둔 비수를 꺼내 날을 세우지
이건 어디까지나 무뎌진 날을 시험해보기 위함일 뿐
그러니 조금도 두려워할 일은 아니지
이윽고 달이 기울고 조금씩 무료해져 오면
어둠을 향해 슬쩍 생채기를 내보이지
그러다 좀 더 시니컬해지면 새벽을 향해
힘껏 비수를 날려보는 거지
그것은 찰나, 만삭의 달을 잡아채서
주르륵 월경이 흘러내리게 하지

고양이는 죽음 앞에서도
무지개다리를 건너는 마법을 부리지
사람은 알 수 없는 비밀의 세계,
그 비밀은 달항아리 속에 감춰져 있지
때가 된 고양이가 죽음의 마법을 부리면
또 다른 고양이가 달빛을 타고 내려오지
날카로운 비수 하나 감추고서
세상에서 가장 겸손한 앞발로 내려오시지
  ―「겸손한 비수」 부분

시인은 고양이가 앞발을 갖고 하는 동작을 세밀히 관찰한다. 이때 찬찬히 살펴봐야 할 것은 고양이의 앞발 동작이 "보름 달밤"의 시간의 흐름과 절묘하게 어우러져 있다는 사실이다. 평소 발 근육 사이에 숨겨놓았다가 만월(滿月)이 되었을 때 "달빛도 찢을 수 있는 날카로움"을 간직한 "접어둔 비수를 꺼내 날을 세우"고, 달이 서서히 기우는 시간과 맞춰 "어둠을 향해 슬쩍 생채기를 내보이"기도 하고, 달이 스러지는 새벽녘에는 그동안 달과 함께 놀았던 아쉬움을 달래기 위해서인지 안간힘을 쏟아 "힘껏 비수를 날려보"기도 한다. 우주의 섭리 중 생생력(生生力)이 가장 극에 도달했을 "보름 달밤"에 "만삭의 달"과 함께 발톱 놀이를 한 고양이의 존재는, 이제 자연의 숱한 개별 동물 중 하나가 아니라 자연의 개별적 가치를 훌쩍 넘어선 어떤 신성의 가치를 띤 것으로 바뀐다. 때문에 "고양이는 죽음 앞에서도/무지개다리를 건너는 마법을 부리"는 "사람은 알 수 없는 비밀의 세계"와 친연성(親緣性)을 지닌 존재다. 말하자면, 고양이는 삶과 죽음을 자유롭게 넘나드는 영험한 존재, 즉 영물(靈物)과 다르지 않다. 사실, "신성한 암고양이, 또는 남녀 양성의 신, 태양의 신인 동시에 달의 신, 혹은 이집트 신화의 바스트 여신, 때론 태양의 수호자"(「그녀와 고양이 모놀로그」)로서 고양이는 태곳적 문명으로부터 우주를 구성하는 양가의 세계(이를테면 밤/낮, 밝음/어둠으로 표상되는 이중의 세계)를 동시에 지닌 신성한 숭고의 대상 자체였다.

김자흔 시인은 이처럼 신격(神格)을 지닌 고양이를 일상 속에서 새롭게 발견하고 삶과 세계의 비의성(秘儀性)을 성찰한다.

쉬잇!
우리 고양이 입은 비수 두 개로 받쳐져 있고요
그래서 함부로 남의 말을 내뱉지 않고요
비밀 따윈 절대 발설하지 않지요
어떤 이들은 침묵의 틈새로 새 나오는
우리의 언어를 들을 수 있다고 하는데요
귀 기울이면 어떤 비밀이
당신의 달팽이관으로 흘러들지도 모를 테지요
우리의 침묵이 두려움 때문이 아니라는 건
당신은 금방 눈치챌 수 있을 테고요
언어를 끄집어내는 비밀과 그 비밀을 숨기는 과정은
매일 밤 자라나는 흰 수염에 있다는 것도
금방 발견해낼 수 있을 테지요
어쩌다 애꾸눈을 만나기도 할 텐데요
그러면 그 애꾸눈 속에도 어떤 깊은
비밀이 숨겨져 있구나 보면 틀림없을 거예요
우리가 언제 무슨 해답을 구한 적이 있던가요
그건 무엇보다 당신들이 더 잘 알고 있을 테고요
무해한 말이 주는 오해는 이미 터득했으니

우린 다만 깊은 침묵으로 우리 고양이
언어의 그물망을 즐길 따름이지요
　　　　　　　　　　　　—「침묵의 비밀」 전문

　뭘 그리 애를 쓰지? 우리의 언어를 듣고 싶다면 녹색의 두 눈을 읽어봐. 우리의 눈은 죽음과 동시에 생명을 포함하고 있어. 악마적이면서 신적이지. 이런 우리를 인간들은 마녀의 친구라 적대시했어. 그래서 과거 한때는 화형대의 제물로 바쳐지기도 했지. 왜 언제 우리가 마녀로 태어난 적 있었나? 언제나 옳다는 노랑둥이와 아홉 개의 목숨을 사는 고양이가 있다는 것도 전부라곤 믿지 마. 그 무엇도 진실은 없어. 다만 우린 침묵의 동반자일 뿐, 우리의 자존감은 우리가 스스로 지켜나가. 모든 게 다 그렇게 되어 있기 때문이지. 정말 그렇다고 생각 안 해봤어?
　　　　　　　　　　　　—「우호적 숨긴 말」 부분

　언어를 연금술사처럼 다뤄야 할 시인에게 절실한 것은 언어를 자유자재로 다루기 위해 언어의 암호와 비밀을 자신만의 방식으로 해독하는 것이다. 시인이 인내심을 갖고 고양이를 관찰하는 데에는 좀처럼 입을 열지 않는 "침묵의 틈새로 새 나오는" 고양이의 언어를 듣기 위해서다. 그 과정 속에서 혹시 "언어를 끄집어내는 비밀과 그 비밀을 숨기는 과정"을 발견할 수도 있기 때문이다. 혹시 그 과정 속에서 고양이의

"애꾸눈 속에" 그리고 "녹색의 두 눈" 속에 숨겨진 "악마적이며 신적"이고, "죽음과 동시에 생명을 포함"하는 고양이 언어의 비밀을 풀 수 있는 "무슨 해답을" 얻을 수도 있기 때문이다.

3.

이러한 시인의 관찰은 고양이를 휘감는 고요와 적막 속에서 고양이의 정적인 면을 주목하는 것인데, 이 숨죽이는 정적 상태는 전광석화처럼 매우 빠른 움직임, 가령 먹잇감을 포획하는 동적 상태와의 관계 속에서 시적 사유로 스며든다.

> 다시 기다린다
>
> 조심조심 조금만 더
> 가까이 가까이
>
> 눈조리개로 거리 조절하는
> 진지한 포복 자세
>
> 생쥐 한 마리 앞에 놓고
> 목덜미 움켜쥐며 발톱 세우던
> 그 만만함과는 완전 딴판인

됐다 앞발 들어 덮치는
부드러운 저 민첩성

딱 경지에 오른 교요함이랄까
—「그만큼의 교요」 부분

  고양이가 먹잇감을 포획하는 장면이다. 먹이사냥이 한 번에 성공하는 경우가 드문 만큼 인내심을 갖고 기다려야 한다. 최대한 몸을 낮추고 먹잇감에 소리 없이 침묵을 치명적 무기 삼아 가깝게 다가가 사냥감과 적정 거리를 유지하며 사냥감에게 사냥 의도가 들키지 않으면서 전광석화와 같은 발톱 세우기의 포획 행위를 통해 사냥에 성공해야 한다. "부드러운 저 민첩성", 말 그대로 "딱 경지에 오른 교요함"에 이르렀을 때 먹잇감은 수중에 들어온다. 먹잇감과 포획 거리를 둔 채 숨죽일 듯 팽팽히 감도는 삶과 죽음의 우주적 기운, 그리고 그 팽팽한 균형을 순간 무너뜨리면서 한쪽은 죽음의 공허감에, 또 다른 한쪽은 삶의 충일감에 젖어든다. 하지만 언제 그랬냐는 듯 또다시 삶과 죽음은 공존하고 우주는 팽팽한 균형감을 회복한다. 그리고 우리는 또 다른 "딱 경지에 오른 교요함"을 기다릴 것이다.

  사실, 고양이의 먹잇감 포획 과정에 대한 시적 형상화는 앞서 읽어본 고양이의 침묵 속에 생성되는 언어의 비밀을 시인이 해독하는 과정이라 해도 지나치지 않다. 그래서 시인이 "어쩌면 내가 전생에 고양이였을지 모른다"(「장난 묘 은별」)고 착각하면서도, 그가 그토록 갈구하는 삶과 세계의 비의성에 대한 시작(詩作)이 "고양이 하녀", "고양이 엄마"(「고양이 하녀」)로서 고양이를 향한 시인의 '치명적 사랑'을 "순명으로 받아들일밖에 도리가 없"(「순명」)는 것이다. 이럴 때, 시인은 시(인)의 경계에 이른 '떨림', 그 절정의 정동감(情動感)에 전율한다.

> 경계의 절정에 이르는
> 새빨간 혀의 떨림
>
> 강렬해서 아름답게 느껴지는
> 그러나 잠시 후에 밀려오는 알 수 없는
> 어떤 슬픔의 한계
>
> 내 떨림은 함정이야
> 일 그램도 안 되는 난해한 공식이지
>
> 존재한 적 없는 백과사전과 메마른 사각형의 문장과
> 수직으로 와 닿는 어제의 비문처럼
>
> 허방,

간극,

단애,

시의 연금술이라 믿는

찰나

경계의 절정에서 다시 떨려 나오는

새빨간 혀

하악

―「떨림, 새빨간」 전문

  새빨간 혀가 떨리는 순간은 "경계의 절정에 이르"렀을 때다. 그때가 바로 "시의 연금술이라 믿는/찰나"이다. 그런데 그때 시인을 엄습한 어떤 정체 모를 "하악"은 우연일까. 이것은 아직 집고양이로 길들여지지 않고 집주인과 거리두기를 하는 경계의 몸짓으로부터 절로 생긴 고양이의 발성과 유사하지 않는가("너 집주인을 물로 보는 거야/기가 차서 하악 소리를 마주 내보이면"―「김꽃비」). 이렇듯이, 시(인)의 언어의 비밀을 탐구하는 과정은, 다시 강조하건대, 고양이를 향한 치명적 사랑에 기인한다.

4.

그런데, 이 같은 김자흔 시인의 시편들은 시적 대상으로서 고양이를 숭배하기 위한 것이 결코 아니다. 밝은 곳보다 어두운 곳에서 그 진가를 드러내는 게 고양이의 존재이듯, 고양이가 지닌 숭고함은 인간 사회의 어두운 곳으로 숨어드는 반윤리적 타락한 것들의 전모를 꿰뚫어보고 그 위선과 위악을 용납해서는 안 된다는 도저한 시적 윤리의 맥락에 맞닿아 있다.

> 그러니 빤빤한 비밀을 꽁지깃에 숨긴 공작아
> 화려한 꽁지 펼쳐 들기 전에 부릅뜬 눈으로 네 날개를 감시하라
> 어리석은 눈물 내보이기 전에 진실의 깊이로 너를 밝혀내라
> ―「비밀공작」 부분

> 이제 됐다! 깨끗이 돌아서는 순간
> 부패 냄새가 목구멍으로 매달렸다
> 허연 젤리 같은 것이 목구멍에서
> 쉴 새 없이 딸려 나왔다
> 진을 다 빼고 나서야 구토는 멈췄다
> 별러서 담근 게장은 구더기로 변질됐고
> 위선 따윈 절대로 믿을 게 못되었다
> ―「위악」 부분

화려한 꽁지깃 사이에 "빤빤한 비밀"을 숨긴 공작에게 절실한 것은 "진실의 깊이로" 자신의 내면을 들여다보는 일이다. 나르시시즘에 빠져 진실을 외면하는 게 아니라 자신을 객관적으로 응시할 수 있는 자기성찰의 눈을 갈고닦아야 한다. 그럴 때 온갖 부패한 것으로부터 생기는 악취에 둔감해지는 게 아니라 부패하는 원인을 주목하고 그것의 올바른 해결책을 단호히 강구하는 의지를 되새길 수 있다. 침묵과 어둠 속에서 대상의 정체를 한층 정확히 파악하는 고양이의 눈이 함의한 시적 윤리를, 시인이 대수롭게 간과하지 않는 것은 바로 이러한 이유 때문이다.

시적 윤리와 관련하여, 흥미로운 시가 있다.

> 눈송이는 점점 몸집을 부풀렸다
> 눈이 혁명적으로 내리네
>
> 창밖으로 향해 있는 귀로 옆자리 시인 말이 뜬금처럼 들어왔다 체 게바라는 사내 이름과 게릴라라는 단어가 동시에 떠올랐다 혁명이란 표현보다는 게릴라라는 표현이 맞지 않을까 나름의 생각에 골몰할 때
>
> 우리에겐 첫눈이 내리네 그네에겐 마지막 눈이 내리네
> 동행 시인의 웃음기 섞인 말이 더 날아왔다

광주 톨게이트로 들어서면서 차들은 엉거주춤이다 혁명적이거나 게릴라적인 눈 탓인 줄 알았더니 하필 도로에 콜타르 작업 중이다 바닥의 콜타르 김이 폴폴 올라와 눈송이와 섞여 들었다 올 첫눈은 혁명적이거나 게릴라적인 게 맞겠구나 줄곧 한 생각을 뇌이면서 강동역에서 5호선 전동차로 갈아탔다

광화문역 지하계단은 촛불 민심들로 꽉 들어찼다
앞사람의 발길을 따라 더듬더듬
겨우 출구를 빠져나왔을 때

출구에서 기다리던 촛불 혁명은
하야를 염원하는 이백만 민심들을
생생한 집회장으로 바짝 들어 올렸다
―「혁명적이거나 게릴라적이거나」 전문

시인은 지난해 광화문을 중심으로 들불처럼 번져간 촛불 시위를 기억한다. 시적 전개를 살펴보면, "5차 하야집회"에 참석하는 날 첫눈이 내린 모양이다. 이 눈을 시인은 "혁명적으로 내리"는 것으로 포착한다. 그리고 시인은 "체 게바라라는 사내 이름"을 떠올린다. 게릴라 투쟁을 통해 쿠바 혁명을 이끌어 성공시킨 체 게바라가 촛불 집회에 포개진다. 촛불 집회를 '촛불 혁명'으로 이해하는 대다수가 프랑스 파리대혁

명을 비롯하여 6·8혁명 등 서구에서 일어난 시민혁명을 상기했는데 반해 김자흔 시인은 쿠바 혁명과 체 게바라를 호명함으로써 '촛불 혁명'을 비서구에서 일어난 혁명의 맥락으로 파악하고 있다. 따라서 시의 행간에 숨어 있는 시인의 정치의식을 헤아려볼 수 있다. 물론, 김자흔 시인의 이러한 정치의식은 시의 표면에 명시적으로 드러나고 있지는 않다. 하지만 그가 고양이와 치명적 사랑을 하면서 고양이로부터 새롭게 발견하듯, 침묵의 틈새로부터 획득한 삶과 세계의 비의성에는 세상의 부패한 것에 대한 매서운 부정 및 비판의식과 분리할 수 없는 그의 정치의식이 함께 작동하고 있는 것이다. 말하자면, 시인에게 '촛불 혁명'은 낡고 구태의연한 구습을 말끔히 청산하고 새롭게 진전된 가치를 일궈내고자 하는 사회혁명이되, 그것은 제도를 혁신하는 차원에서만 그치는 게 아니라 그동안 한국사회에 켜켜이 누적된 부패, 즉 적폐(積幣)를 발본적으로 청산하는 것으로 해석되고 있는 셈이다. 시의 온전한 정치의식이 시적 혁명과 무관하지 않듯, 위 시에서 형상화되는 첫눈과 촛불 민심은 결국 타락하고 무능한 대통령을 '촛불 혁명'으로 탄핵시키는 징후로 읽어도 손색이 없다.

5.

끝으로, 시집을 통독한 후 쉽게 가시지 않은 시구가 이명

(耳鳴)으로 남아 있다.

> 특히 보름 달밤에는 죽창을 치켜들고
> 푸른 반역이라도 일으키고 싶은 거예요
> ―「푸른 반역」 부분

우주의 생생력이 절정에 이른 보름 달밤에 민중의 염원과 분노는 죽창을 치켜든 푸른 반역에의 욕망으로 들떠 있다. 김자흔의 시세계에서 결코 간과해서는 안 될 정동(情動)이다. 이를 억지스레 기존 민중봉기나 민중혁명에 연상되는 민중시의 상투적 표현으로 파악하지 말자. 그 대신, 보름 달밤에 고양이의 매서운 발톱이 할퀴는 심상을 이미 음미해보았듯이, 김자흔이 일으키고 싶은 시의 "푸른 반역"이 무척 설레고 기대된다. 어디선가 "하악" 하는 김자흔의 고양이의 정동(情動)이 엄습하는 게 아닐까.

이 도서의 국립중앙도서관 출판시도서목록(CIP)은 서지정보유통지원시스템 홈페이지(http://seoji.nl.go.kr)와 국가자료공동목록시스템(http://www.nl.go.kr/kolisnet)에서 이용하실 수 있습니다.(CIP제어번호: CIP2017030206)

시인동네 시인선 083
이를테면 아주 경쾌하게
ⓒ 김자흔

초판 1쇄 인쇄	2017년 11월 11일
초판 1쇄 발행	2017년 11월 18일
지은이	김자흔
펴낸이	고영
책임편집	서윤후
디자인	헤이존
펴낸곳	문학의전당
출판등록	제2017-000002호
주소	서울시 마포구 마포대로 11길 91, 3층
전화	02-852-1977 팩스 02-852-1978
전자우편	sbpoem@naver.com

ISBN 979-11-5896-349-1 03810

*이 책의 판권은 지은이와 문학의전당에 있습니다.
*양측의 서면 동의 없는 무단 전재 및 복제를 금합니다.
*잘못 만들어진 책은 바꿔드립니다.
*이 시집은 경기도, 경기문화재단 문예진흥기금을 보조받아 발간되었습니다.